Im Lande der ewigen Weisheit

Matteo Tempel ist Student der Germanistik und lebt im Norden Baden-Württembergs. Bereits in jungen Jahren entdeckte er seine Freude an der Literatur. Die folgende Geschichte, welche dem Werten Leser eine Unterstützung für dessen eigenes Leben sein möge, schrieb er sowohl von persönlichen als auch fremden Erlebnissen und Schicksalen inspiriert.

Matteo Tempel

Im Lande der ewigen Weisheit

Matteo Tempel

Im Lande der ewigen Weisheit

© 2017 Matteo Tempel

Umschlaggestaltung, Illustration:

Matteo Tempel

Lektorat, Korrektorat: Matteo Tempel

Verlag: tredition GmbH, Hamburg

ISBN (Paperback) 978-3-7439-6345-0
ISBN (Hardcover) 978-3-7439-6346-7
ISBN (e-Book) 978-3-7439-6347-4

Vorwort

Dieses Werk basiert sowohl auf eigenen als
auch den Erfahrungen, Lebensweisen und Wert-
vorstellungen anderer und soll dem sehr ge-
ehrten Leser, welchen ich hiermit noch einmal ganz besonders herzlich begrüßen möchte,
eine Hilfe darstellen. Jedem, der sich vielleicht gerade in einer schwierigen Zeit befindet, diese hoffentlich mit einigen neuen
Denkansätzen und Ideen zu bereichern und zur
Bewältigung beizutragen. Doch gleichzeitig
richtet sich das folgende auch an den
scheinbar unbefangenen Menschen, der für die
Zukunft ebenfalls um zahlreiche Aspekte des
Lebens reicher gemacht werden soll. Die folgende Geschichte hätte ich vor einigen Jahren selbst gerne so oder ähnlich, wie es in
diesem Buche geschieht, erlebt und mir damit
sicherlich einiges Leid ersparen können.
Darüber hinaus wird kein Anspruch erhoben,
hiermit im Ernstfall professionelle Hilfe
ersetzen zu können. Es sollen vielmehr die
folgenden Inhalte, von welchen ich für mei-
nen Teil absolut überzeugt bin, möglichen
Empfängern zur Verfügung gestellt werden.

Hoffnung ist nicht die Über-
zeugung, dass etwas gut ausgeht, sondern die Gewiss-
heit, dass etwas Sinn hat,
egal wie es ausgeht.

Vaclav Havel

Inhalt

Morgenstund hat Gold im Mund

Nachdenklich blickte Jeremy in den schier undurchdringlichen, zugleich majestätischen und beinahe magisch wirkenden Nebeldunst. Es war kalt. In wenigen Minuten würde die Sonne endlich den Horizont überschreiten und diesen Tag im Spätsommer zum Leben erwecken. Er konnte es kaum erwarten, machten ihm doch die Schatten der Nacht schon seit einiger Zeit erheblich zu schaffen. <<Die frühen Morgenstunden sind meine liebste Tageszeit. Alles erwacht nach und nach, es ist für mich einfach eine unvergleichliche Atmosphäre.>> Diese ihm wohlvertraute Stimme gehörte Christina, seiner Freundin, die niemals müde wurde, über die Schönheit der Natur zu schwärmen und der besonders gemeinsame Spaziergänge mit Jeremy unglaublich viel bedeuteten. Häufig schaffte sie es, diesen zu einem morgendlichen Spaziergang mit ihrem Hund Buddy, einem prächtigen Berner Sennenhund, zu überreden.

Christina war, genau wie er, 22 Jahre alt

und mit ihrem langen braunen Haar, den hell-
braunen Augen und ihrer sportlichen Figur
eine sehr attraktive Erscheinung. Darüber
hinaus war sie sehr intelligent und gebil-
det. Jeremy hätte es ihr gegenüber niemals
so offen zugeben können, doch seit er vor
nunmehr über 2 Jahren durch den gemeinsamen
Freundeskreis mit ihr zusammen gekommen war,
hatte sie sich zum absoluten Mittelpunkt
seines Lebens entwickelt und ihm bereits
durch viele schwere Momente geholfen. Christina für ihren Teil hatte sich damals Hals
über Kopf in den introvertierten, gut ausse-
henden sowie ebenfalls sehr intelligenten
und sportlichen Jeremy verliebt. Seitdem
hatte sich die Beziehung der beiden nicht
zuletzt aufgrund der vielen Gemeinsamkeiten,
welche sie teilten, kontinuierlich intensi-
viert und eine entsprechend große Stütze
stellten sie füreinander dar.
So spazierten sie gemeinsam im fahlen Licht
des neuen Tages auf einem Feldweg, unweit
ihres gemeinsamen Wohnortes und beobachteten
die ersten Sonnenstrahlen bei ihrem be-
schwerlichen Weg über den Horizont. Noch im-

mer herrschte leichter Nebel und die Wiese
zu ihrer Rechten, welche die beiden vom nur
wenige hunderte Meter entfernten Wald trenn-
te, war ästhetisch in den geheimnisvollen
Dunst gehüllt. Irgendwo schrie eine Eule. In
einiger Entfernung huschte ein Reh über den
Weg, nur um sofort wieder im herrlich schönen Feld aus Sonnenblumen, welches wiederum
zu ihrer Linken zwischen ihnen und den Häu-
sern des Nachbarortes lag, zu verschwinden.
Buddy zerrte an der Leine und hätte den an-
brechenden Tag offensichtlich zu gerne ohne
diese Einschränkung seiner Freiheit begrüßt,
doch Christina, verantwortungsbewusst wie
sie war, gewährte ihm diesen Wunsch nicht.
Zu groß war ihr das Risiko, der Hund könnte
in all seinem Übermut eine ungewollte Gefahr
verursachen. So brav und liebenswert er auch
war, man konnte nie wissen und selbst der
treueste Hundeblick des Vierbeiners konnte
die Vernunft seiner Besitzerin nicht er-
schüttern. Außerdem war Christina der Mei-
nung, dass ihr Hund bei der bis zu 20 Metern
ausziehbaren Leine durchaus genügend Frei-
raum zur Verfügung hatte. Lediglich zu Hause

im Garten durfte sich das Tier frei bewegen.
Zumindest für heute schien Buddy seine Hoffnungen nun begraben zu haben und trottete brav neben den beiden her.

<<Ach übrigens, den Studienplatz für Psychologie habe ich gestern doch angenommen>>, sagte Jeremy beinahe tonlos. Insgesamt hatte er sich an sechs verschiedenen Universitäten beworben und tatsächlich den von ihm bevorzugten Platz bekommen. Freuen konnte er sich dennoch kaum. Es ging ihm nicht gut. Schon seit einiger Zeit hatte er das Gefühl, nicht mehr Herr seines Lebens zu sein. Von Tag zu Tag fiel es ihm schwerer, seinen alltäglichen Aufgaben gerecht zu werden. Das Freiwillige Soziale Jahr, welches er nach dem Abitur eingeschoben hatte, konnte er nur mit Mühe und Not beenden, obwohl ihm die Tätigkeiten immer gefallen hatten und er in ein sehr gutes Arbeitsumfeld integriert war. Doch daran lag es auch nicht. Es war der Schatten der Vergangenheit, welcher mit seinen tückischen, unbarmherzigen Klauen zunehmend Besitz von ihm zu ergreifen drohte. Wie er jetzt die Mühen eines Studiums bewältigen

sollte, war ihm völlig schleierhaft und der Gedanke daran ließ ihn erschaudern. Doch was tat man nicht alles, um dem Druck der Gesellschaft standzuhalten, dem neurotischen Streben nach Karriere und Geltung nachzukommen, ohne die eigenen Bedürfnisse und Probleme zu berücksichtigen. Jeremy war sich dieser Tatsache sehr wohl bewusst, hatte jedoch keine Ahnung, wie er sich aus dieser Zwickmühle befreien konnte.

Christina wusste um seine Probleme, zumindest soweit er ihr davon erzählt hatte, doch selbst sie hatte es bisher nicht vermocht, ihn aus diesem gähnenden schwarzen Loch zu befreien. Allerdings wäre Jeremy ohne ihre Hilfe wohl schon lange darin versunken, verloren für immer und ewig und ohne Hoffnung auf Rettung.

<<Das freut mich wirklich für dich>>, sagte sie mit ihrer sanften, gleichzeitig entschiedenen Stimme. Christina, selbst Studentin, hatte bereits zwei Semester absolviert und war mit sich und der Welt heute im Reinen.

<<Ich bin wirklich stolz auf dich. Sobald du

dich an der Uni eingelebt hast, wird dir das Studentenleben bestimmt gefallen. Vielleicht kommst du dort ja auch auf andere Gedanken. Du wirst viele neue Menschen kennenlernen, viel Spaß haben und bist auch nicht mehr so häufig zu Hause.>>

Jeremy wusste genau, dass diese Worte seiner Freundin nur gut gemeint waren und er sich unheimlich glücklich schätzen konnte, mit Christina zusammen sein zu dürfen. Dennoch erreichte ihn ihre aufbauende Botschaft kaum. In seinem Kopf herrschte Chaos, zugleich eine gähnende Leere. Es war kaum auszuhalten und zum wiederholten Male erwischte er sich nun dabei, drückende Schuldgefühle zu verspüren, weil er nicht in der Lage war, die positiven Seiten seines Lebens zu würdigen. Jeremy fühlte sich, als wäre er in einer riesigen Glaskugel eingesperrt, genau sehend was ihn umgab, jedoch unfähig auszubrechen, es zu spüren, mit den anderen das Leben zu genießen. Alles wunderbare, was es zu bieten hatte. Wie schön wäre es, zumindest einmal wieder einen klaren Gedanken fassen zu können... Es war ein furchtbares

Gefühl und Jeremy fragte sich gefühlt zum tausendsten Mal, wie es möglich war, sich selbst derartig wahrzunehmen, ohne auch nur einen Hauch von positivem Empfinden in seine innere Dunkelheit einfließen lassen zu können.

Christina spürte, dass ihren Freund etwas umtrieb und griff nach dessen Hand. Beinahe erschrocken nahm Jeremy die Ihre und war froh über die Wärme, welche sie ihm schenkte, beinahe allerdings noch mehr darüber, zumindest für den Moment aus der Finsternis seines Geistes befreit worden zu sein.

Inzwischen hatte es die Sonne beinahe zur Hälfte über den Horizont geschafft und der gemeinsame Spaziergang der beiden neigte sich dem Ende entgegen. Sie gingen nun etwas zügiger, da jeder von ihnen schon bald seinen Verpflichtungen würde nachkommen müssen. Christina war für einige Wochen aushilfsweise als Kellnerin beschäftigt und Jeremy baute mit seinem Vater einen Wintergarten am Haus an. Dieser wollte damit schnellstmöglich fertig werden, da für die nächste Woche schlechtes Wetter vorhergesagt war. Aus diesem Grunde bestand er darauf, dieses Vorhaben von früh morgens bis zum späten Abend zu verfolgen.

Schnell erreichten sie die ersten Häuser und Jeremy brachte Christina nach Hause, von wo es nur wenige Straßen bis zu seinem eigenen Elternhaus waren. Buddy sprang zum Abschied an ihm hoch und wurde im Gegenzug liebevoll gestreichelt. Er gab seiner Freundin noch einen Abschiedskuss und war bereits im Begriff zu gehen, als sie ihn plötzlich am Arm zurückhielt und ihm fest in die Augen sah. Völlig überrascht starrte er zurück und noch bevor Jeremy die Situation richtig erfassen konnte, sagte sie ruhig und bestimmt: <<Hör mal mein Schatz, du weißt, dass ich immer für dich da bin und dir gerne zuhöre, was es auch sein mag! Du hast dich in letzter Zeit wirklich verändert und ganz ehrlich, es tut mir furchtbar weh, dich so zu sehen... Ich liebe dich über alles und möchte dir helfen! Du bist so ein toller Mensch und wenn dir etwas zustößt, werde ich mir das sicher niemals verzeihen können... Bitte sag mir die Wahrheit!>>

''Ich habe keine Zeit''
heißt übersetzt: <<Das ist
für mich nicht so wichtig.>>
Denn für Menschen und Dinge,
die uns wichtig sind, nehmen
wir uns Zeit.

André Loibl

Klartext

Wie mit der Kettensäge frisiert stand Jeremy da, starrte sie an und Christina tat es ihm gleich. Beide hatten große Mühe, ihre Emotionen im Zaum zu halten und nicht in Tränen auszubrechen.

<<Ich... ähm... also..., stammelte er und suchte bei alldem Durcheinander in seinem Kopf nach den richtigen Worten. <<Das würde ich wirklich zu gerne, bitte glaub mir... Aber ich schaffe es nicht... es tut einfach so entsetzlich weh!>>, brach es schließlich aus ihm heraus.

<<Das glaube ich dir>>, sagte sie sanft. <<Aber bitte vertraue mir, du musst über deine Gefühle sprechen, andernfalls werden sie dich völlig zu Grunde richten. Wie wäre es, wenn du heute Nachmittag zu mir kommst? Ich habe noch etwas besonderes mit dir vor. 16.00 Uhr habe ich Feierabend.>>

<<Da kann ich nicht, ich muss meinem Vater helfen, das weißt du doch>>, stieß Jeremy hervor. Innerlich zerriss es ihn fast. Wieso tat sie ihm das an? Konnten sie die Bezie-

hung nicht einfach wie zuvor weiterführen? Jeremy fragte sich, wie er aus dieser Misere entkommen konnte, wusste zugleich jedoch genau, dass er ihr mindestens genauso böse sein würde, sollte sie sich davon abbringen lassen, das gewünschte Gespräch zu führen. Es war zum verrückt werden. Einerseits wünschte er sich nichts sehnlicher, als mit ihr zu sprechen, hatte jedoch gleichzeitig beinahe Todesangst davor, sich derartig zu öffnen, verwundbar zu machen, seine Schwächen zu zeigen... ausgerechnet gegenüber dem Menschen, der ihm alles bedeutete und den er um nichts in der Welt verlieren wollte...
<<17.00 bei mir>>, sagte sie nur noch und schloss die Türe direkt vor Jeremys Nase. Buddy sprang erschrocken zurück und schaffte es gerade noch zu verhindern, dass sein Schwanz in der Türe eingeklemmt wurde.
Da stand er nun. Noch völlig überfordert von dem, was sich gerade zugetragen hatte, machte sich Jeremy auf den Weg nach Hause und überlegte fieberhaft, wie er seinen Vater davon überzeugen konnte, ihn an diesem Tage vorzeitig von der Arbeit zu befreien.

Wir können den Wind nicht
ändern, aber die Segel
anders setzen.

Aristoteles

Leiden der menschlichen Seele

<<Guten Morgen Jeremy>>, wurde dieser von seinem Vater verschlafen begrüßt. Nach einer knappen, etwas gequälten Antwort machten sich die beiden auch schon ans Werk. Sein Vater, von Beruf Ingenieur, hatte bereits gefrühstückt und ihm vor Beginn der Arbeit angeboten, dies ebenfalls zu tun, was Jeremy jedoch ablehnte. Er frühstückte so gut wie nie, empfand es als unnötig und hielt das Fasten bis zum Mittag zudem für wesentlich gesünder. Im Rahmen seiner sehr breit gefächerten sportlichen Aktivitäten, darunter Laufen, Schwimmen, Kampfsport und einigem mehr hatte er sich auch intensiv mit dem Thema Ernährung befasst und empfand es seitdem als sinnvoller, den unvermeidlichen Insulinausstoß auf die Mittagszeit zu verschieben.

An diesem Tage kamen sie mit der Arbeit vortrefflich voran und Jeremy gab sein Bestes, durch besonders eifrige Betätigung Eindruck bei seinem Vater zu schinden, was ihm offensichtlich auch gelang. Als er sich nämlich schließlich ein Herz fasste und um die Erlaubnis seines Begehrens bat, hatte dieser keinerlei Einwände und murmelte nur etwas wie: <<Ich kann auch alleine weitermachen, wenn das nicht gerade zur Gewohnheit wird...>>

Als seine Mutter die beiden zum Mittagessen einbestellte, konnte Jeremy kaum stillsitzen und zog durch sein Verhalten zahlreiche fragende Blicke seiner Eltern auf sich, ähnelten seine ansonsten relativ anständigen Tischmanieren sicherlich doch eher denen eines alkoholisierten Primaten. Häufiger als er es eigentlich wollte auf die Uhr schauend und zugleich sehr aufgewühlt und unruhig, erledigte Jeremy seine noch verbliebenen Aufgaben, sprang anschließend kurz unter die Dusche und machte sich gegen 16.45 Uhr schließlich auf den Weg zu Christina. In seinem Kopf rasten die Gedanken nur so vorbei, er fühlte sich wie in Watte gepackt und hatte keine Ahnung, wie eine solche Flut von Emotionen überhaupt in seinem Kopf bleiben konnte, ohne diesen zu zerstören. Obendrein hatte er nicht die geringste Kontrolle darüber, wie sie kam und ging. In welche Richtung würde sich das Gespräch entwickeln? Sollte es überhaupt soweit kommen? Und was hatte sie bloß mit ihrer seltsamen Anspielung gemeint, etwas besonderes mit ihm vorzuhaben? Auch die Frage, ob er es überhaupt verdiente und wertvoll genug war, dass ein derartiger Aufwand um seine Person betrieben wurde, verschonte ihn nicht. Hatte er eine solche Freundin überhaupt verdient?

Schließlich erreichte Jeremy um Punkt 17.00 Uhr sein Ziel, holte tief Luft und drückte dann entschlossen die Klingel.

Es dauerte nur einen kurzen Augenblick, bis sich die Türe öffnete und Christina mit zufriedenem Gesichtsausdruck vor ihm stand. Sie trug eine hellblaue Jeans, dazu eine schicke weiße Bluse und sah bildhübsch aus. Noch bevor er sich fragen konnte, ob es angesichts dieser Schönheit wohl unangebracht war, mit kurzer Hose und T-Shirt gekommen zu sein, gab sie ihm einen Kuss und sagte lächelnd: <<Ich wusste, du würdest kommen. Mir

nach!>>

<<Wie war dein Tag?>>, fragte er sie, um seine Anspannung zu mindern und nicht zuletzt, da es ihn eben tatsächlich interessierte.

<<Eigentlich wie immer, man hat jeden Tag mit so vielen neuen Menschen zu tun, da kann es kaum langweilig werden.>>

<<Aha>>, sagte er knapp und fragte sich, wieso ihm keine bessere Antwort eingefallen war. Ein kurzer Blick zu Christina verriet ihm jedoch, dass diese sich davon nicht im geringsten gestört fühlte. Stattdessen führte sie ihren Freund zum sogenannten <<Gartenzimmer>> des Hauses, einer Art Wintergarten mit diversen und wunderschön miteinander harmonierenden Pflanzenarten, darunter zwei herrlichen Orchideen, einem großen Schwertfarn, Efeu, Roten Wüstenrosen, Kakteen und sogar einer Yucca Palme.

Des Weiteren verfügte der Raum über große Fenster, welche für eine warme, sehr angenehme Helligkeit sorgten. Außerdem gab es ein Rattansofa und zwei dazu passende Sessel, jeweils mit sehr bequemen weißen Sitzkissen ausgestattet. Die beiden waren nicht zum ersten Mal dort, doch häufig beanspruchten Christinas Eltern, bzw. die mit im Haus lebenden Großeltern das Zimmer für sich. Noch während er den Raum betrat, nahm Jeremy sich vor, zu versuchen den neuen Wintergarten zu Hause ebenso schön einzurichten wie es das Gartenzimmer war, in welchem er sich gerade befand. Allerdings hatte er erhebliche Zweifel am Gelingen dieses Vorhabens, besaßen doch seine Eltern einen etwas anderen Geschmack bezüglich Raumausstattungen, Stil, Mode usw. <<Setz dich bitte>>, sagte Christina und nahm direkt gegenüber im anderen Sessel Platz.

Aus irgendeinem Grund fühlte Jeremy sich wie in einem Gespräch mit einer Therapeutin, wobei es doch seine Freundin war, die ihm da gegenüber saß. Er konnte nicht ahnen, dass er mit dieser Vermutung gar nicht so unrecht hatte.

<<Schön, dass du da bist>>, begann sie. <<Ich möchte direkt auf den Punkt kommen. Ich liebe dich wirklich über alles und möchte dein Leben so gut es mir nur möglich ist

verstehen. Mir ist klar, dass es dir nicht leicht fällt, über die Vergangenheit zu sprechen. Deine Gefühle, wie es dir geht und was du durchgemacht hast. Für unsere Beziehung ist es jedoch glaube ich unheimlich wichtig, dass wir offen zueinander sind. Was hältst du davon, mir für den Anfang nur deine Gefühle zu schildern, einzig und allein wie es dir geht, was du empfindest, ohne die Gründe zu benennen. Der Rest wird sich fügen, davon bin ich überzeugt. Es gibt wirklich nichts, was du falsch machen kannst, sprich dir einfach alles von der Seele und ich werde hier sitzen, dir zuhören und versuchen zu verstehen.>>

Die Art und Weise, wie sie diese Worte aussprach machte Jeremy klar, dass sich jegliche Fragen mit einer späteren Antwort begnügen mussten. Nun war die Zeit gekommen, das auszusprechen, was er so lange schon mit sich trug, ihm solche Qualen bereitete und endlich einmal gesagt werden musste, obwohl es für ihn bisher nahezu unmöglich gewesen war.

<<Ich fühle mich leer>>, begann er. <<So

entsetzlich leer. Jeden morgen fällt es mir einfach nur unglaublich schwer aufzustehen, den Tag zu beginnen, wissend, welche Strapazen mich erwarten. Es ist eine bleierne Schwere, eine entsetzliche Müdigkeit, gegen die Schlaf völlig machtlos ist. Sie durchdringt alles, lähmt meine Gedanken, nimmt mir die Lust am Denken, lässt mich jede freie Minute im Bett verbringen, weil ich hoffe, sie somit vielleicht doch eines Tages bezwingen zu können. Dann ist da dieses Druckgefühl, eine Enge in der Brust, meist einhergehend mit der Schwere. Mir macht fast nichts mehr Spaß, wirklich beinahe nichts und niemand interessiert mich. Ich will einfach nur meine Ruhe und möglichst weit weg von anderen sein. Gleichzeitig wünsche ich mir nichts sehnlicher, als in den Arm genommen zu werden, Verständnis, Menschen die sich wirklich für mich interessieren. Diese dürfen mir aber wiederum nicht wichtig sein, da ich sie ja aufgrund meiner Erzählungen verlieren könnte. Ich habe panische Angst vor Ablehnung. Gleichzeitig könnte ich mich niemals einer Person öffnen, die mir

nicht wichtig ist. Was gehen fremde Leute meine Gefühle an, all die Probleme, mein Leben? Ich fühle mich machtlos, wie ein Spielball, unfähig meine eigenen Träume zu leben und zu verwirklichen. Gefangen im System und dazu verdammt, kontinuierlich Leistungen zu erbringen, ohne in der Lage zu sein, herauszufinden was mir tatsächlich Spaß macht. Ich kann es bei all dem Chaos in meinem Kopf einfach nicht herausfiltern. Ich leide unter dem Drang nach Perfektion. Was, wenn meine Entscheidung nicht die richtige ist? Wenn dieses oder jenes passiert, vorausgesetzt das wäre möglich, wie und weshalb wäre dies der Fall und was würde es wiederum für meine getroffene Entscheidung bedeuten? Wäre der Weg, den ich morgen wähle ein anderer, wodurch käme diese Entscheidung zustande und wie würden andere sie beurteilen?
Ich habe Aggressionen, abgrundtiefen Hass auf alles und jeden, in erster Linie gegen mich selbst gerichtet. Wieso trifft das ausgerechnet mich und aus welchem Grunde kann ich dieser Situation nicht entkommen? Wie lässt sich diese Masse in meinem Kopf, zäh

wie ein Klumpen Kaugummi wieder zum funktionieren bringen, sodass ich normal und erfolgreich durchs Leben marschieren und das wertschätzen kann, was ich habe? Warum hilft mir niemand, diesen Weg zu finden, das Ziel, meine Aufgaben in diesem Leben? Wieso denkt jeder nur an sich? Sieht denn keiner, wie es mir geht oder will das einfach niemand sehen? Ich fühle mich fehl am Platz, auf dem falschen Planeten gelandet, im falschen Sonnensystem, der falschen Galaxie oder gar dem falschen Universum. Alles ist befremdlich für mich, ich sehe keinen Sinn im Leben, Tag für Tag diese Strapazen auf mich zu nehmen, für nichts und wieder nichts. Verwirrung macht sich breit, welchen Gefühlen kann ich vertrauen, was sind bei diesem bodenlosen durcheinander meine wahren Gedanken und Ansichten, welche hingegen nur sinnlos zusammen gesponnen?

Ich fühle mich schuldig, weil ich das, was ich habe und besitze nicht wertschätzen kann. Nicht zufrieden bin mit gar nichts, derartige Ansprüche an andere stelle und nichts zurückgeben kann. Ich fühle gar nichts. Nur eines sollst du wissen: Ich bin einfach so unglaublich froh und dankbar, dass es dich gibt und du in meinem Leben bist.>>

Jeremy konnte den Satz gerade noch beenden, da schossen ihm auch schon Tränen in die Augen. Erleichtert und zugleich bedrückt reflektierte er das, was gerade aus seinem Munde gekommen war. Schließlich nahm er allen Mut zusammen und richtete seinen Blick, den er bis jetzt leicht gesenkt in Richtung einer Pflanze, deren Name ihm nicht bekannt war gerichtet hatte, auf die Augen seiner Freundin. Sie schaute ihn einfach nur an, mit einem Gesichtsausdruck, den er nicht zu deuten vermochte. Zumindest glaubte Jeremy daraus Mitgefühl und sogar Dankbarkeit lesen zu können, doch da mochte er sich täuschen. Lediglich die einsame Träne, welche langsam ihre Wange hinunter kullerte, schien eine eindeutige Sprache zu sprechen. Die Sekunden verstrichen, Jeremy war sicher, dass es bereits Minuten sein mussten, die sie sich bereits in die Augen schauten und einander einfach nur betrachteten.

<<Danke>>, sagte sie schließlich. <<Das war mir sehr wichtig.>>

Jeremy gab keine Antwort. Er konnte es nicht. Praktisch handlungsunfähig saß er dort, noch immer völlig überfordert von dem, was er soeben von sich gegeben hatte. Christina schien dies zu bemerken, denn sie stand auf, nahm ihn bei der Hand und sagte sanft: <<Komm mit.>> Wie ein Roboter erfüllte er ihre Bitte und während er sich noch fragte, wohin die Reise wohl gehen sollte, lag er schon auf dem gepolsterten Sofa. Christina nahm einen der Sessel, rückte ihn daneben, setzte sich und ergriff erneut seine Hand. <<Weißt du, ich bin wirklich froh, dass du mir das gesagt hast. Doch jetzt versuche einfach, alles wieder zu vergessen, lasse deine Gedanken nur noch vorüberziehen, ohne dich näher mit ihnen zu beschäftigen. Ich habe etwas für dich vorbereitet, was dir vielleicht helfen kann, dich von den aversiven Gefühlen abzugrenzen. Es ist eine Art Meditation und nennt sich ''Der sichere Ort''. Höre einfach nur auf meine Stimme, alles weitere geschieht von selbst.>> Jeremy nickte fast unmerklich, ohne auch nur die geringste Absicht, Widerstand zu leisten.

<<Atme tief durch die Nase ein und langsam durch den Mund wieder aus. Deine Gedanken ziehen einfach vorbei, sie sind von keinerlei Bedeutung. Konzentriere dich nur noch auf deine Atmung, ganz ruhig und gleichmäßig. Nun stelle dir einen Ort vor, an dem du dich absolut sicher fühlst, den niemand sonst kennt und der genau so aussieht, wie es dir gefällt. Du sollst dich jederzeit dorthin zurückziehen können, wenn es dir richtig erscheint. Lasse deiner Fantasie freien Lauf. Ein Ort, weit, weit weg, nur für dich erreichbar. Wenn du dich entschieden hast, suche dir noch passende Wächter, sodass auch wirklich kein anderer Zugang zu diesem wunderbaren, absolut sicheren Bereich hat, an dem dir nichts passieren kann, wo du genau so sein kannst, wie es dir gefällt. Wenn du die richtigen Aufpasser hast, befasse dich näher mit dem Ort, den Gegenständen und eventuellen Personen, die dort leben sollen. Achte nur darauf, dass dir diese Menschen im wirklichen Leben niemals begeg-

nen können. Lasse einfach los, atme ganz ruhig und befreit, genieße diese völlige Entspannung an dem Ort, der dir absolute Sicherheit garantiert. Dort, wo du tun kannst, was dein Herz begehrt, ohne dass dir irgendetwas passieren kann. Doch Jeremy war bereits weggetreten und versank in einen tiefen, festen, wunderbaren Schlaf.

Gott gab uns nur einen Mund,

aber zwei Ohren, damit wir

doppelt so viel zuhören wie

reden.

Goethe

Eine sonderbare Begegnung

Sanfte Sonnenstrahlen schienen Jeremy ins Gesicht. Vögel zwitscherten, unter sich spürte er frisches, weiches Gras. Es duftete wie in einem wahrlich riesigen, prachtvollen Blumenbeet, irgendwo plätscherte ein Bach, sogar einen Wasserfall hörte er in der Ferne tosen. Etwas kitzelte seine Nase. Er öffnete die Augen einen winzigen Spalt weit und erblickte zu seiner Überraschung ein kleines Eichhörnchen, welches sich auf seinem Brustkorb sitzend in Richtung seines Gesichts ausgestreckt hatte und jetzt, da es entdeckt worden war, erschrocken einige Meter weit davonrannte und ihn neugierig musterte. Wo war er? Was war mit Christina? Befand er sich noch in der Welt, die er kannte? Langsam, sehr langsam richtete er sich auf, tastete seinen Körper nach etwaigen Schäden ab und ließ den Blick über die Landschaft schweifen, welche ihn umgab. Er befand sich am Rande eines augenscheinlich sehr großen Mischwaldes, direkt unter einer mächtigen

35

Eiche. Vor seinen Augen erstreckte sich eine riesige Wiese voller blühender Blumen, in einiger Entfernung konnte Jeremy den Bach erkennen, welcher sich durch die Ebene schlängelte und selbst die Gischt des Wasserfalls war irgendwo etwa auf halbem Wege zwischen ihm und den Bergen zu erkennen, welche er eigenartigerweise erst jetzt bemerkte. Doch dies war nicht das einzige, was ihm auffiel. Höchstens zwei Steinwürfe entfernt am Waldrand, hinter einer Holzbrücke, die dort den Fluss überquerte, welcher direkt aus dem Wald zu kommen schien, sah er eine Hütte. Der Anblick löste in ihm Furcht und Freude zugleich aus, bedeutete es zwar, dass er vermutlich nicht der einzige an diesem Ort war, doch wer eine derartige Einöde besiedelte, musste ihm schließlich nicht zwangsläufig nur freundlich gesonnen sein. Plötzlich tauchte das Eichhörnchen direkt vor ihm auf und aus irgendeinem Grund war Jeremy nicht einmal sonderlich überrascht, als es tatsächlich zu sprechen begann: <<Wer bist du denn und wo kommst du her?>> Nur leicht verdutzt stellte er sich seinerseits

vor und sagte: <<Ich glaube, ich komme aus
einer Welt weit entfernt von hier und habe
keine Ahnung, wie es mich an diesen Ort ver-
schlagen konnte. Aber was ist denn eigentlich mit dir? Nicht nur, dass du sprechen
kannst, ganz schön mutig scheinst du ja auch
zu sein!>>

<<Nun, du befindest dich im Lande der ewigen
Weisheit, hier kann sich jeder mit jedem
verständigen. Mutig mag ich vielleicht sein,
jedoch ganz sicher nicht leichtsinnig. Ich
taste mich an neue Situationen heran und be-
halte mir stets die Möglichkeit vor, mich
zurückzuziehen und in Sicherheit zu bringen.
Wenn die Luft rein ist, kann ich immer noch
meine Freude haben. Neue Wege müssen wir
alle früher oder später gehen, die Frage ist
nur, wie dies geschieht.>> Jeremy, inzwischen doch reichlich verwundert über den
kleinen Kerl, fragte weiter: <<Und wer wohnt
denn eigentlich da drüben in dem Haus, wo
der Rauch aus dem Kamin steigt?>>

<<Dort lebt Danson. Ich besuche ihn jeden
Tag. Er ist sehr gastfreundlich und weise,
wie wir alle hier. Du kannst ruhig einmal

bei ihm vorbeischauen, doch nun lasse mich
dir zunächst einmal einen Eindruck unseres
Waldes vermitteln, ich kenne einen schönen
Pfad. Es wird auch nicht allzu viel Zeit in
Anspruch nehmen.>>

Jeremy hatte nichts dagegen einzuwenden und
so machten sich die beiden auf in das
geheimnisvolle, eindrucksvolle Gehölz. Zahlreiche Vögel, welche ihm vom Klang geläufig
waren, hörte er im dichten Blätterdach sin-
gen. Bereits nach wenigen Schritten bemerkte
Jeremy ein weiteres Eichhörnchen, welches in
einiger Entfernung einen Baum hinaufkletter-
te und sehr viel eher als gedacht bereits
ein weiteres. Selbst einige Rehe bekam Jeremy zu Gesicht, während er mit dem kleinen
Kerlchen durch den majestätischen Wald lief.
<<Keiner weiß, wie alt diese Bäume bereits
sind, doch sie alle fühlen genau wie du und
ich. Habe stets Respekt vor der Natur, denn
im Gegensatz zu uns Lebewesen existiert sie
bereits seit Urzeiten und ist unser aller
Mutter.>>

Die beiden kamen schließlich an einem kleinen See vorbei, aus welchem sich der Fluss

zu speisen schien. Am Ufer stand ein riesiger Fels, der Jeremy sehr an einen Obelisken erinnerte. <<Dies ist ein in gewisser Weise heiliger Ort für alle Bewohner dieses Landes. Der Fluss entspringt hier, durchzieht es weitreichend und ist unsere wichtigste Lebensader.>>

Noch einen Augenblick lang standen die beiden andächtig vor dem gewaltigen Felsblock und setzten ihren Weg schließlich fort. Erst jetzt bemerkte Jeremy, wie warm es tatsächlich war und obendrein schien sich die Hitze aufgrund der relativ hohen Luftfeuchtigkeit nahe des Gewässers im Wald zu stauen. Als könnte es Gedanken lesen, sagte das Eichhörnchen beschwichtigend: <<Keine Sorge, wir haben es bald geschafft. Ich wollte dir lediglich einen ersten Eindruck unseres wunderschönen Landes vermitteln.>>

<<Das weiß ich sehr zu schätzen, ehrlich. Mal sehen, was mich hier noch alles erwartet, so wirklich begreifen kann ich das Ganze noch nicht.>>

<<Wer vermag das schon, sagte das Tier. Man kann sich im Leben schnell in unendlicher

Komplexität verlieren, diese allerdings auch auf das Wichtige und Nötige beschränken. In seiner gesamten Hülle und Fülle kann es jedoch von niemandem durchschaut werden.>>
Noch während Jeremy mit diesen Worten seines Begleiters beschäftigt war, konnte er bereits zunehmend mehr Licht durch die Bäume des Waldes dringen sehen und erkannte, dass sich der kurze Spaziergang tatsächlich dem Ende entgegen zu neigen schien. Noch in Gedanken versunken, bemerkte er nur wenige Schritte entfernt rechts des Weges einen Baum auf einer Lichtung. Sein Stamm verfügte über Dimensionen, welche bisher endlos weit jenseits von Jeremys Horizont gelegen hatten. <<Ach du meine Güte!>>, platzte er etwas lauter als gewollt hervor.

<<Sei bitte vorsichtig!>>, ermahnte ihn sein Weggefährte streng. <<Verärgere niemals die Natur, denn diesen Kampf kannst du nur verlieren. Dieser Baum ist im inneren hohl und viele Jahre lang feierten wir hier regelmäßig unser gemeinsames Leben im Lande der ewigen Weisheit. Seitdem wir uns vor einiger Zeit damit begnügten, einander gelegentlich

Besuche abzustatten, kommt nur noch selten jemand hierher. Ich hatte immer den Eindruck, dass der Herr und Schutzpatron aller Pflanzen dieses Landes sei. Er sollte nicht unnötig gereizt werden.>>

Noch eine ganze Weile standen die beiden am Rande der Lichtung und betrachteten das monströse Gewächs, welches etwa fünfmal so breit war wie die seitlich ausgebreiteten Arme des recht hoch gewachsenen Jeremy. Er fragte sich, was wohl geschehen würde, sollte es doch jemand wagen, diesen Baum zu verärgern. Allerdings konnte er auf eine Antwort wahrlich gut verzichten. Schließlich schaffte Jeremy es mit erheblicher Mühe, sich endgültig von dem unbeschreiblich faszinierenden Anblick zu lösen und gemeinsam legten sie das letzte Stück bis zum Waldrand zurück.

<<Was meintest du eigentlich immer mit ,,wir''?>>, wollte Jeremy wissen. Wie viele seid ihr denn hier? Und welche Ausmaße besitzt dieser Ort denn?>>

<<Mach dich nur auf den Weg, du wirst sie schon noch kennenlernen. Was die Dimensionen

betrifft: Wir haben den großen Wald, an dessen Rande wir gerade stehen, die Wiese, dahinter die Berge und schließlich eine große Seenplatte. Drumherum ist ein riesiger Wall aufgeschüttet, den du auf keinen Fall überqueren darfst, denn dahinter ist nichts als unendlich weiter, leerer Raum. Wo sich dieser Ort befindet, vermag niemand zu sagen. Jedoch sind wir sicher, dass es für uns nie wieder einen Weg zurück geben kann.>> Traurig senkte das Tier den Kopf, schien einen Moment lang beinahe apathisch, nahm dann hastig wieder seine normale Körperhaltung ein und fügte noch an: <<Also halte dich fern vom Wall. Hier bist du sicher.>> Mit diesen Worten verschwand das Eichhörnchen im Wald und Jeremy war alleine.

<<Mach es gut>>, rief er ihm noch hinterher und hatte darüber hinaus tatsächlich keinerlei Absichten, sich der Abgrenzung dieses Landes zu nähern.

<<Nicht einmal nach seinem Namen habe ich gefragt>>, grämte er sich nach dieser ebenso plötzlichen wie schockierenden Feststellung und lief hinüber zu Dansons Haus.

Wenn du glaubst, das

Abenteuer sei gefährlich,

versuche Routine.

Sie ist tödlich.

Paulo Coelho

<u>Danson</u>

Es war eine recht einfach gehaltene, hölzerne Hütte mit einem kleinen Teich davor. Jeremy lief in Richtung der Tür und wollte gerade klopfen, als eine sehr freundliche Stimme sagte: <<Na sieh mal einer an, noch niemals hat sich ein Fremder hierher zu uns verirrt. Was für eine Freude!>>

Erst jetzt sah er den älteren, stämmigen und scheinbar etwas untersetzten Herrn mit weißem Vollbart und unzähligen Lachfalten in seinem gebräunten Gesicht, der dort Pfeife rauchend auf einer Holzbank am Teich saß.

<<Ich bin Jeremy. Sie müssen Danson sein. Wirklich sehr erfreut.>>

<<Na sowas, da bist du wohl bereits jemandem begegnet, der mich dir vorgestellt hat?>>

<<Einem Eichhörnchen, ja...>>

<<Aha, Chippy, ein feiner Kerl, wenn auch manchmal etwas zu eifrig mit der Jagd nach Eicheln beschäftigt. Manchmal schläft er dabei vor Erschöpfung einfach ein.>>

Der alte Mann lachte amüsiert und stieß da-

44

bei eine gewaltige Rauchwolke in die Luft.

<<Seit wann lebt ihr denn alle hier? Wieso heißt das Land der ewigen Weisheit?>>, wollte Jeremy wissen.

<<All dies will ich dir gerne erklären, doch nun lass uns erst einmal ins Haus gehen, du wirst sicher durstig sein bei dieser Hitze.>>

Dansons Hütte war schlicht eingerichtet und außer einigen Holzmöbeln, einer Treppe nach oben sowie einem offenen Kamin, in welchem das Feuer brannte, dessen Rauch er schon von weitem gesehen hatte, konnte er kaum etwas nennenswertes darin erkennen. Nachdem er Jeremy ein großes Glas mit einer klaren, wunderbar frisch duftenden Flüssigkeit gereicht hatte, fragte Danson: <<Möchtest du mir nicht zuerst sagen, wie du eigentlich hierher gekommen bist? Wie gesagt, noch niemals zuvor haben wir einen Fremden hier zu Gesicht bekommen.>>

Jeremy nahm einen vorsichtigen Schluck von dem unbekannten Trunk. Es schmeckte unheimlich gut und sofort spürte er ein Gefühl tiefer Zufriedenheit, Wärme und Entspannung durch seinen Körper fließen.

<<Ich komme von einer anderen Welt, der euren gar nicht einmal so unähnlich. Leider kann ich mich an fast nichts mehr erinnern, irgendwie hat es mich einfach hierher verschlagen.>>

<<Dann ist es also geschehen>>, murmelte der bärtige Mann kaum hörbar.

<<Was ist nun geschehen?>>, wollte Jeremy wissen.

<<Weißt du, all diejenigen, welche hier leben, residierten einst auf der Welt, die du kennst. Es ist schon so lange her, wir können es nicht mehr beziffern, haben jegliches Zeitgefühl verloren. Einst gab es ein wahrlich wunderschönes, prächtiges Inselkönigreich namens Tuvanaya, in dem wir alle ein friedliches, glückliches und im Einklang miteinander und uns selbst stehendes Leben führten. Unser Allwissender König war Soristeron, der es sich nicht nehmen ließ, jeden Inselbewohner persönlich die Regeln und Werte des Lebens zu lehren, bis wir diese im Schlaf aufsagen konnten und sicherlich niemals wagen würden, sie zu brechen.>>

Danson holte tief Luft, dabei sichtlich nostalgisch in Gedanken an sein früheres Leben versunken.

<<Was geschah weiter mit euch und diesem Königreich?>>, wollte Jeremy wissen.

<<Das, was wohl geschehen musste>>, sagte der alte Mann traurig. Soristeron verließ unser Reich, um sich den Rest der Welt zu betrachten und seine Lehre zu verbreiten. Als der König Jahre später zurückkehrte, war er nicht mehr derselbe, sein Verstand vergiftet und verrucht. Von diesem Zeitpunkt fort an behandelte er seine Untergebenen entsetzlich rücksichtslos und ungerecht. So geschah es, dass eines Tages eine Gruppe Inselbewohner sein Haus aufsuchte, um sich ihm zu widersetzen und den König zu stürzen. Soristeron jedoch war mit höheren Mächten im Bunde und in einem Anfall von Raserei verbannte er einige von uns willkürlich aus seinem Königreich hierher. Was mit den übrigen geschah, wissen wir nicht. Seitdem leben wir hier, irgendwo in Raum und Zeit in dieser abgeschiedenen, neuen Welt. Den Wertvorstellungen, Regeln und Weisheiten, welche

der König uns gelehrt hatte, blieb jeder hier immer treu. Außerdem altern wir an diesem Ort nicht, sind also gewissermaßen unsterblich. Schon sehr lange warte ich darauf, dass jemand aus deiner Welt hierher zu uns kommt und wir uns mit ihm austauschen können.>>

Danson ließ seinen Blick über die Weiten der Wiese wandern und schien beinahe nicht mehr präsent zu sein. Jeremy merkte dem Mann an, wie schwer es ihm gefallen war, diese Geschichte zu erzählen.

Betroffen suchte er nach den passenden Worten für das, was er soeben gehört hatte.

<<Die verbliebenen deines Volkes konnten vielleicht entkommen und möglicherweise sogar ihre Lehre noch zu einem gewissen Grad weiter in der Welt bekanntmachen>>, war nach gewisser Zeit schließlich das erstbeste, was ihm einfiel.

<<Hoffentlich>>, sagte Danson leise.

<<Hattest du denn eine Familie>>, fragte Jeremy und merkte einen Augenblick zu spät, dass er wohl zuerst hätte fragen sollen, ob der ältere Herr das ''Du'' akzeptierte.

48

Dieser schien es jedoch nicht einmal bemerkt zu haben oder kümmerte sich überhaupt nicht darum, sondern antwortete nur leicht verschmitzt: <<Nein, ich war stets ein Einzelgänger, hatte nur gelegentlich mit anderen zu tun. Ich will es nicht anders.>>

<<Aber normalerweise möchte man doch eine passende Frau finden, Kinder bekommen, eine glückliche Familie haben...>>, sagte Jeremy bemüht vorsichtig.

<<Normalerweise>>, sagte Danson beinahe verächtlich. <<Hast du dich schon einmal gefragt, was das Wort <<normal>> eigentlich bedeutet?>>

<<Nicht wirklich, ehrlich gesagt. Aber ich denke, es heißt eben sich so zu verhalten, das zu machen, was die anderen auch tun. Nicht aus der Gesellschaft herausfallen...>>

<<Falsch!>>, sagte Danson sofort scharf und in unmissverständlichem Tonfall.

<<Völlig falsch sogar. Weißt du, unsere Lebenszeit ist nun einmal begrenzt. Lediglich zwei Dinge sind dir sicher: Dass du in die Welt gesetzt wurdest und sie früher oder später eben auch wieder wirst verlassen müs-

49

sen. Alles was zählt ist, diese kurze Spanne dazwischen mit wunderbaren Erlebnissen und Menschen zu erfüllen, so zu leben, wie du es für richtig hältst. Du hast nur eine Chance. Wirklich, nutze die Zeit mein Junge, nutze sie! Verfolge deine Träume und lasse sie nicht los, versuche dich im Leben und früher oder später wirst du an einem Ziel angelangen. Bleibe niemals stehen, sondern halte dich stets in Bewegung und gebe dein Bestes. Nimm das Leben jedoch auch nicht zu schwer, denn Humor ist der Regenschirm der Weisen. Nur eines ist wichtig, das musst du mir versprechen: Lebe nicht auf Kosten der Lebensqualität anderer, jeder Mensch ist gleich und hat dieselben Rechte in diesem Leben! Merke dir das: <<Normal ist alles, was anderen nicht schadet, nichts und niemandem, in diesem Rahmen kannst du tun und lassen, leben wie du möchtest, was andere über dich denken, spielt nicht die geringste Rolle! Letztlich wirst du den Erwartungen der Menschen sowieso nahezu nie gerecht werden können. Irgendjemand wartet eben immer.>>
Jeremy war wie vom Donner gerührt angesichts

dessen, was er soeben gehört hatte, kam dies doch alles wahrlich sehr überraschend für ihn. <<Ich verspreche es>>, sagte er dann schnell, bevor die günstige Gelegenheit des Augenblicks verstrich.

<<Gut>>, sagte Danson knapp.

Jeremy begriff allmählich, welche Chance ihm dieser Ort möglicherweise bot und spürte, dass er dem Mann vertrauen konnte. <<Danke. So habe ich das bisher noch nie betrachtet. Wer nimmt sich schon die Zeit, einem das zu sagen? Ich hatte häufig das Gefühl, nicht normal zu sein, jeden Blick von anderen habe ich auf die Goldwaage gelegt und mich gefragt, was derjenige wohl über mich dachte. Warum die Person dieses Bild von mir hatte, trug ich durch irgendwelche Fehler dazu bei und wie hätte ich es besser machen können? Viele Jahre meines Lebens wurde ich gedemütigt, mit Vorwürfen konfrontiert, die überhaupt nicht der Wahrheit entsprachen, bis ich es irgendwann selbst glaubte. Noch heute verfolgen mich die Schatten dieser Zeit. Eine Zeit lang gab es für mich keine andere Möglichkeit, damit umzugehen, als mir selbst

wehzutun und häufig habe ich daran gedacht, das Ganze einfach zu beenden.>>

<<So etwas ist furchtbar, doch gibt es leider genug dumme Menschen, die andere aufgrund mangelnden Selbstwertgefühls, aus Geltungssucht oder sonstigen unerfindlichen Gründen erniedrigen>>, antwortete Danson betrübt.

<<Sag, wer lebt denn nun außer Chippy und dir noch hier?>>, wechselte Jeremy das Thema, leicht perplex darüber, dass er sich gerade derartig gegenüber Danson geöffnet hatte. Allerdings wusste er, dass es die richtige Entscheidung gewesen war. Jetzt oder nie.

Der alte Mann lächelte verstohlen: <<Nun, schau dich nur um. Einige von uns werden dir vielleicht etwas seltsam erscheinen, doch du hast nichts zu befürchten. Der nächste auf deinem Wege dürfte Amugor sein, er lebt unten am Wasserfall. Dann wären da noch Injamena, die weiter Flussabwärts lebt, Hageron am Fuße der Berge und noch einige mehr, die du allerdings möglicherweise nicht antreffen wirst. Wenn du Glück hast und bereit bist,

einige Mühen auf dich zu nehmen, so begegnest du vielleicht sogar Gronodor. Er lebt im Gebirge und war dazumal unser Heilkundiger. Er kann dir sicherlich auch einiges mit auf den Weg geben, denn das hast du dringend nötig. Ich spüre es genau und sonst wärst du auch nicht hier.>>

Jeremy, noch etwas unschlüssig darüber, was er mit diesen neuen Eindrücken anzufangen hatte, nickte, trank aus, verabschiedete sich von Danson und machte sich auf den Weg zu Amugor.

Die Sonne stand hoch am Himmel, Bienen und zahlreiche Schmetterlinge flogen über die Wiese und erfreuten sich der Pracht der schieren Blumenvielfalt. Jeremy folgte dem plätschernden Bach, der sein kristallklares Wasser über die Ebene in Richtung des Wasserfalls hin beförderte. Etliche Fische sprangen darin umher, Frösche quakten munter vor sich hin. Am Wasserfall angelangt, schaute er vorsichtig in die tosenden Fluten und fragte sich, wie er die geschätzten 30 Meter sicher nach unten gelangen könnte. Die Idee eines Sprunges verwarf er sofort wie-

der, derartig lebensmüde war er noch nicht.
Bereits kurz davor, weiter dem Fluss zu folgen und auf dem Weg nach einer geeigneten
Abstiegsmöglichkeit Ausschau zu halten, erblickte er plötzlich eine steinerne Treppe
im Fels. Sie sah sehr schmal, jedoch gut zu
bewältigen aus und Jeremy begann ohne lange
zu überlegen mit dem Abstieg. Zwei Mal wäre
er auf den durch die spritzende Gischt
spiegelglatten Stufen beinahe abgerutscht,
konnte jedoch dank seiner guten sportlichen
Fähigkeiten das Gleichgewicht halten und
stand schließlich fast direkt vor der
gewaltigen Wand aus Wasser. Doch wo war denn
nun dieser Amugor, von dem Danson erzählt
hatte? Nachdem er die Umgebung ausführlich
begutachtet und keinen Hinweis auf ihn ge-
funden hatte, kam ihm plötzlich das Märchen
der sechs Schwäne in den Sinn, welches er
als Kind kennengelernt hatte. Da hatte sich
das Mädchen in einem Raum hinter dem Wasserfall versteckt. Jeremy überlegte kurz, ob er
dieses Wagnis eingehen konnte, bemerkte dann
jedoch ein gut zugängliches Stück, welches
direkt an den Rand des mächtigen, laut don-

nernden Vorhanges führte. Vorsichtig bewegte er sich über die glitschigen Steine und erreichte ohne nennenswerte Probleme die Felswand, direkt neben der tobenden Flut. Dort angekommen, sah Jeremy seine Vermutung bestätigt, erblickte er nämlich in der Dunkelheit ein flackerndes Licht, dessen Quelle ein ganzes Stück weit im inneren des Felsens befindlich sein musste. Jeremy nahm all seinen Mut zusammen, atmete tief ein und betrat dann mit ausgestreckten Armen voran die Höhle.

Wenn du am liebsten aufgeben möchtest, dann besinne dich darauf, warum du gestartet bist.

Neil Patel

Amugor

<<Ich grüße dich, Fremder>>, hörte er eine glockenhelle Stimme im Raum sagen. Erschrocken blickte Jeremy sich um und entdeckte einen Steinwurf entfernt den hölzernen Stuhl, auf dem ein offensichtlich recht kleiner, sehr blasser und schmächtiger Mann saß, eine schwarz-weiße Katze streichelnd, die sich auf seinem Schoß niedergelassen hatte. Der dunkle Mantel, in den er gehüllt war, das dünne, kurze Haar, die Fackeln an der Wand hinter ihm und das Geräusch des donnernden Wasserfalls tauchten den Raum in eine sehr unangenehme Atmosphäre. Jeremy überlegte kurz, sich einfach umzudrehen und Reißaus zu nehmen. Bevor er jedoch dazu kam, sagte der Fremde bereits: <<Ich bin Amugor, sehr erfreut und das hier ist Briggo, erläuterte er auf die Katze deutend, die zustimmend schnurrte. <<Komm ruhig näher.>>

Mit gehöriger Vorsicht und jederzeit bereit zur Flucht ging Jeremy auf den Mann zu, besann sich dann jedoch auf den Ratschlag,

welchen Chippy ihm mit auf den Weg gegeben
hatte. Er beschloss, der Sache eine Chance
zu geben und beschleunigte seinen Schritt
etwas, jedoch nicht weniger vorsichtig die
Situation abschätzend.

<<Mein Name ist Jeremy, es freut mich eben-
falls. Ich muss mich gerade in einem Traum
befinden, denn ich kann mich an fast nichts
erinnern und komme von einer ganz anderen
Welt. Danson hat mir von dir erzählt.>>

Jeremy duzte Amugor bereits automatisch,
merkte er doch, dass die ihm geläufigen ver-
meintliche Höflichkeiten hier nicht an der
Tagesordnung zu sein schienen.

<<Es war gar nicht so einfach, dich hinter
dem Wasserfall zu finden.>>

<<Ich bin fast immer hier in dieser Höhle.
Mein ganzes Leben schon ertrage ich die
Strahlen der Sonne nicht, denn sie verbren-
nen meine Haut in kürzester Zeit. Nur nachts
wage ich es im Schutze der Dunkelheit, diesen Ort zu verlassen und sogar längere Spaziergänge zu machen.>>

<<Ach du meine Güte, das ist ja ein entsetz-
liches Leben! Fühlst du dich denn nicht

furchtbar? Du musst entsetzlich neidisch auf die anderen Menschen sein, welche sich nicht mit diesem Schicksal herumschlagen müssen!>>
Jeremy fand es unglaublich, wie schnell seine Vorbehalte gegenüber Amugor in sich zusammenstürzten.

<<Neid ist etwas gänzlich fremdes für mich. Er zerstört lediglich die Lebensfreude meiner Mitmenschen und mir selbst, lässt man ihn zu, zerfrisst er alles und jeden. Denn welchen Sinn könnte es denn haben, andere um irgendetwas zu beneiden, wenn man alles hat, was zum Leben notwendig ist? Natürlich wäre es schön, nach draußen zu können, vielleicht etwas kräftiger zu sein und mit tieferer Stimme sprechen zu können. Doch wozu? Ich habe alles was ich brauche und werde regelmäßig von anderen Bewohnern dieses Landes besucht. Briggo war mir in all den Jahren der treueste Freund, den ich mir wünschen könnte. Wer sagt denn, dass es anderen besser geht als mir? Jeder hat seine ganz persönlichen Lasten zu tragen und das Streben nach immer mehr ist etwas unglaublich törichtes. Tut man dies, weil es der eigene

Wunsch ist und nicht von anderen vorgegeben, so ist natürlich nichts dagegen einzuwenden. Meistens jedoch sieht die Realität eben völlig anders aus. Die Menschen vergleichen sich und können den Hals nicht voll genug bekommen. Auf der Welt, von der du kommst, gibt es unzählige Leute mit denen ich nicht tauschen würde, obwohl sie scheinbar viel mehr im Leben haben als ich. Alle Fähigkeiten und Besitztümer sind nutzlos, wenn man sie nicht wertzuschätzen vermag. Es ist sinnlos, sich mit anderen zu messen und wenn man dies schon nicht lassen kann, ist es durchaus ratsam, den Blick statt nach oben zu richten einfach einmal zu senken. Nicht aufzuschauen zu denen, die es vermeintlich besser haben, sondern auch jene zu berücksichtigen, welche schlechter dran sind. Ich kann dir sagen, wo bei diesen beiden Gruppen die Mehrheit zu finden wäre, doch das weißt du nun gewiss selbst am besten, mein Junge.>>

Stille. Amugor blickte Jeremy ruhig an und dieser wusste schon fast nicht mehr, wo ihm der Kopf stand im Angesicht der Vielzahl von

Lehren, welche ihm im Lande der ewigen Weisheit erteilt wurden.

So ganz konnte er die Ereignisse noch nicht einordnen, spürte jedoch, dass ihm ein gewaltiges Privileg zuteil wurde. Ein Ort mit allwissenden Menschen und Tieren, die ihm halfen, seine persönlichen Probleme zu bekämpfen, ohne dass er irgendjemanden von ihnen darum gebeten hatte.

<<Weißt du>>, begann er, ohne genau zu wissen, was er eigentlich sagen wollte. <<Ich war mein ganzes Leben lang neidisch, seit ich denken kann. Immer wollte ich etwas besseres sein als andere und war dies geschafft, musste bereits der nächste Aufstieg erfolgen. Meine Eltern haben mich zur Leistung erzogen, niemals war ich ihnen gut genug. Stets habe ich versucht, sie stolz zu machen. Wenn ich einmal etwas erreichte, zum Beispiel einen sportlichen Wettkampf gewann, hieß es statt: ''Super, wir sind wirklich stolz auf dich!'' immer nur :''Gut, und wann gewinnst du den nächsten?''. Mit allen Mitteln und ohne Rücksicht auf mich und meine Gefühle. Diese teuflische Spirale hat zu ei-

ner tiefen Dunkelheit beigetragen, die sich in mir ausbreitete und mich beinahe zugrunde richtete. Ich bin froh, dich getroffen zu haben und hoffe, deine Worte verinnerlichen zu können.>>

Amugor nickte. <<Davon bin ich überzeugt>>, sagte er zufrieden.

Auch Briggo meldete sich abschließend zu Wort: <<Du bist ein starker Mensch, soviel steht fest. Es ist kein Zufall, dass du bei uns gelandet bist. Kein starker Charakter hat eine leichte Vergangenheit. Du wirst deinen Weg gehen und lass dich von nichts und niemandem davon abbringen. Wir denken an dich. Nun setze deine Reise fort, Injamena wird sich über deinen Besuch freuen.>>

Jeder würde sein eigenes Leben gleich viel schöner finden, wenn er aufhörte, es mit dem Leben der Leute von nebenan zu vergleichen.

Henry Fonda

<u>Tanugal</u>

Nachdenklich ließ Jeremy den Wasserfall hinter sich. In seinem Kopf schwirrte die Frage umher, was er hier gerade eigentlich erlebte. Vor allem jedoch begann Jeremy sich zu fragen, ob und wie er diesen Ort denn eigentlich wieder verlassen konnte. Bisher war er aufgrund der Fülle von neuen Eindrücken kaum dazu gekommen, derartige Gedanken zu verfolgen, doch eine gewisse Beklemmung breitete sich allmählich doch in ihm aus. Wie war er hierher gekommen? Zunehmend laut hämmerte diese Frage in seinem Kopf. Handelte es sich wirklich nur um einen Traum? Er war bei Christina gewesen, soviel wusste er und schemenhaft sah Jeremy das Gartenzimmer vor seinem inneren Auge. Was dort geschehen war, konnte er allerdings beim besten Willen nicht sagen.
Die Vögel zwitscherten, wieder folgte er dem Fluss, diesmal auf dem Wege zu Injamena. Er genoss es, durch das frische Gras zu laufen und beschloss kurzerhand, seine Schuhe aus-

zuziehen, um es noch intensiver spüren zu können. Ein herrliches Gefühl. Vereinzelte Bäume standen auf der Wiese, darunter Ahorn und einige Birken. Der propellerartige Flug der ''Nasenzwicker'' in Richtung Boden weckte in ihm Erinnerungen an seine Kindheit. Wie gerne hatte er mit diesen Früchten des Ahorns gespielt, gemeinsam mit den anderen Kindern. Nicht zum ersten Mal wünschte er sich, die Welt nur einmal wieder sehen zu können wie dazumal. Alles war so viel einfacher gewesen, nur wenige Dinge hatten eine Rolle gespielt.

Jeremy ging weiter und entdeckte bald darauf an einer deutlich breiteren Stelle des Flusses einen gewaltigen Biberdamm. Neugierig und fasziniert zugleich, beinahe ehrfürchtig näherte er sich nun dem eindrucksvollen Bauwerk, welches die Strömung des Flusses beinahe völlig ausbremste. Von den Baumeistern allerdings fehlte bisher jede Spur. Schließlich stand er am Ufer, direkt vor dem Damm, dessen Ausmaße ihm erst jetzt wirklich bewusst wurden.

<<Seit langer Zeit bereits arbeiten wir an

unserem Zuhause, ich hoffe, es gefällt dir>>, hörte Jeremy einen Stimme irgendwo aus dem riesigen Konstrukt zwischen Baumstämmen, Ästen und sonstigem Baumaterial, welches die Umgebung eben so hergab, zu ihm dringen. Es dauerte einige Zeit, bis er den flinken Biber erkannte, der sich auf dem Damm in seine Richtung bewegte.

<<Ich bin wirklich sehr beeindruckt>>, sagte Jeremy und stellte sich vor. <<Das glaube ich gerne, dass so etwas einige Zeit in Anspruch nimmt. Diese Ausdauer hätte ich wohl kaum, wäre sicherlich viel zu ungeduldig, um so etwas zu errichten.

<<Tanugal ist mein Name>>, stellte der Biber sich seinerseits vor. <<Zunächst einmal gibt es hier viele von uns, die sich die Arbeit teilen. Somit kommen wir gut voran und können uns gegenseitig helfen. Außerdem braucht jeder seine Aufgaben im Leben, denn ohne Arbeit in der Untätigkeit zu versinken ist nur scheinbar erstrebenswert.>>

<<Ich stelle es mir eigentlich durchaus angenehm vor, ohne Arbeit leben zu können, das Leben zu genießen und einfach frei zu

sein>>, entgegnete Jeremy verwundert.

<<Dann hast du dieses Dasein noch niemals über längere Zeit geführt. Glaube mir, es ist nicht das Ziel, sondern lediglich Teil des Weges. Denn weißt du, Arbeit und Ruhe gehören untrennbar zusammen. Das eine kommt ohne das andere nicht aus. Diese beiden Dinge bedürfen der Existenz des anderen, um einander wertschätzen zu können, dein Leben zu erfüllen und ihm einen Sinn zu geben. Hast du das einmal begriffen und lebst nach diesem Prinzip, wirst du der Glückseligkeit einen großen Schritt näher gekommen sein.>>

<<Darüber muss ich nachdenken>>, sagte Jeremy nach einer kurzen Pause, in der er versucht hatte, die Thesen Tanugals mit seinem Weltbild zu vereinen. Der Biber nickte: <<Das solltest du. Ich bin sicher, früher oder später wirst du die Wahrheit meiner Worte erkennen. Doch nun will ich dich nicht länger aufhalten, außerdem muss ich zurück zu den anderen. Es war mir ein großes Vergnügen, dich getroffen zu haben!>>

<<Mir auch, Tanugal>>, sagte Jeremy. Weiterhin viel Erfolg bei eurem Vorhaben.>>

Die zwei mächtigsten Krieger

sind Geduld und Zeit.

Leo Tolstoi

<u>Injamena</u>

Gedankenversunken setzte er seinen Weg fort und konnte schon bald das Haus Injamenas ausmachen, welches an einer Biegung des Flusses zwischen mächtigen Buchen- und Lindenbäumen stand. Es war aus Baumstämmen gefertigt und sah sehr stabil aus, das Dach hingegen bestand lediglich aus Stroh. Zahlreiche Topfpflanzen zierten die Fensterbänke und die rot-weißen Vorhänge verliehen dem Haus einen zusätzlichen freundlichen Aspekt. Der Garten war überaus gepflegt, unter anderem Tomaten und Kopfsalat wurden in ihm angebaut. Jeremy sah sie dort schon von weitem, offenbar beim Unkraut jäten. Injamena war eine schöne Frau mittleren Alters mit langem, dunklen Haar und gewöhnlicher Statur. Sie trug eine himmelblaue Hose, kombiniert mit einem roten, kurzärmligen Oberteil und weißer Schürze. <<Hallo!>>, rief Jeremy vorsichtig, als er das Haus beinahe erreicht hatte. Etwas verwundert blickte sich die Dame um, begann jedoch sofort strahlend zu lächeln, als sie ihn erblickte. Jeremy hoffte inständig, nicht rot anzulaufen, machte ihn die eindrucksvolle Erscheinung Injamenas doch etwas verlegen. Nachdem die beiden sich miteinander bekannt gemacht hatten, setzten sie sich auf eine massive Holzbank, die direkt ans Haus angebaut war. Jeremy hatte sofort großes Vertrauen zu ihr und gab bereitwillig Auskunft darüber, was er bisher im Lande der ewigen Weisheit erlebt und erfahren hatte. Schließlich begann sie: <<Nun ja, ich glaube auch etwas zu deiner Reise beitragen zu können. Ich weiß wie es bei euch zugeht, sehr genau sogar, wenngleich ich bereits seit langer Zeit nicht mehr dort lebe. Als Soristeron zurückkehrte, war er nicht mehr derselbe. Er hatte sich im Chaos der restlichen Welt verloren, der Entwicklung weg von sinnvollen Werten hin zur grenzenlosen Flut unnützer, völlig irrelevanter Dinge. Schaue mich an. Ich habe mein Haus, den Garten und die Tiere des Waldes, die mich regelmäßig besuchen, genauso wie viele der anderen Bewohner unseres Landes. Ich habe einige wenige Dinge, die mir sehr, sehr

wichtig sind und bin glücklich damit. Einfach nur glücklich. Verstehst du? Habe lieber wenig im Leben, was dir die Welt bedeutet als zu vieles, das dich früher oder später unweigerlich krank machen wird. Was dich nicht glücklich macht, kann weg, merke dir das unbedingt für jeden Bereich deines Lebens. Herrscht im Haus Unordnung, schlägt sich dies auf dich wieder, auch wenn du es wahrscheinlich nicht sofort bemerkst. Ordnung ist das halbe Leben, bitte glaube mir. Hast du erst einmal alles organisiert, wirst du ein völlig neues, wunderbares Lebensgefühl verspüren. Hast du eine Freundin?>>

<<Ja, Gott sein Dank>>, antwortete Jeremy. <<Christina heißt sie.>>

<<Das ist ein wirklich schöner Name>>, sagte Injamena.

<<Ich liebe sie über alles. Sie hält mein Leben, meine Gefühle, einfach alles zusammen und erfüllt mich>>, sagte er mit kaum überhörbarer Sehnsucht in der Stimme.

Injamena lächelte sanft. <<Das ist gut. Passe stets auf sie auf und beschütze eure Liebe. Sie ist letztlich alles, was im Leben

zählt. Die Liebe.>>

<<Das tue ich>>, sagte Jeremy. <<Der Gedanke daran, dass ihr etwas zustoßen könnte oder ich nicht mehr ihren Ansprüchen entsprechen kann, lähmt meinen Verstand, verursacht unsägliche Kälte und Leere in mir.>>

<<Dann weißt du schon einmal, dass es etwas ernstes sein muss. Doch rate ich dir, die Vorsicht nicht ins Unermessliche zu treiben, denn dadurch erreichst du genau das Gegenteil dessen, was du beabsichtigst. Genieße eure gemeinsame Zeit und mache dir nicht zu viele Sorgen. Du kannst keine Angst davor haben, dass dir selbst oder jemandem, der dir lieb ist etwas zustößt, denn wenn du das Leben fürchtest, kannst du niemals leben.>>

In diesem Moment gesellten sich zwei Rehe zu den beiden und ließen sich ausführlich streicheln. Obwohl Jeremy sicher war, dass auch sie sprechen konnten, so taten sie dies zu seiner Überraschung nicht. Es erinnerte ihn daran, wie er Buddy immer kraulte, wenn er bei Christina zu Besuch war. Die Treue des Hundes hatte ihn schon immer berührt, schien er ihn doch unabhängig von allem immer bedingungslos gerne zu haben.

Da er merkte, dass die Tiere eher auf die ihnen vertraute Injamena fixiert waren, beschloss er, seine Reise fortzusetzen. Jeremy bedankte und verabschiedete sich von der Frau, die ihm soeben die nächste eindrucksvolle Lehre in diesem Lande mit auf den Weg gegeben hatte. Jeremy war sicher, auch damit einiges in seinem Kopf in Ordnung bringen zu können. Er konnte es kaum erwarten zu erfahren, was Hageron wohl für ihn bereithalten würde. Voller nervöser und positiver Energie machte er sich auf den Weg, geradewegs in Richtung der Berge.

Das Geheimnis des Wandels:
Konzentriere nicht all deine
Ganze Kraft auf das Bekämpfen des Alten, sondern darauf, das Neue zu formen.

Sokrates

<u>Hageron</u>

Glücklicherweise hatte sich Jeremy bei Injamena nach dem ungefähren Weg erkundigt, bevor er aufgebrochen war. Etwa mittig sollte er auf die beiden schneebedeckten, wie Zinnen emporragenden hohen Berge zuhalten, dann würde er sein Ziel leicht finden, hatte sie zu ihm gesagt. Seit knapp einer Stunde befolgte Jeremy diesen Rat nun bereits, zunehmend erstaunt über die schiere Größe der Wiese. Nun aber hatte er den Fuß der Berge beinahe erreicht, das Gelände stieg stetig an und mehr und mehr Nadelbäume säumten seinen Weg. Dann sah er plötzlich eine Gestalt zwischen den Bäumen auftauchen, die direkt auf ihn zulief. Sie war gänzlich in Schwarz gekleidet und machte in der Tat keinen sonderlich freundlichen Eindruck. Erschrocken verlangsamte Jeremy seinen Schritt und stellte sich darauf ein, jeden Moment die Flucht antreten zu müssen. Die beiden hatten einander beinahe erreicht und Jeremy versuchte, den Ausdruck im Gesicht des, wie er schätzte, etwa Mitte 50-jährigen Mannes zu deuten. Allerdings hatte er ja von Danson erfahren, dass dieser mit Sicherheit sehr viel älter sein musste.

<<Na, junger Mann, wer bist du denn und woher kommst du?>>, fragte der Unbekannte deutlich freundlicher, als Jeremy es ihm je zugetraut hätte. In aller Kürze erläuterte er dem Fremden seine Situation, da dieser ihm noch immer reichlich suspekt war.

<<Bist du Hageron?>>, fragte er.

<<Nein>>, sagte der Mann zu Jeremys Überraschung.

<<Ich bin Dongomir, der Wanderer>>, stellte er sich vor. <<Seit langer, langer Zeit durchstreife ich bereits dieses Land, kenne alles und jeden hier.>>

<<Oh, bitte verzeih mir. Das wusste ich natürlich nicht.>>

<<Das macht doch nichts, du bist schon ganz in der Nähe seines Hauses, bald wirst du es sehen können. Hageron ist ein sehr freundlicher Mann, doch verärgere ihn besser nicht>>, sagte Dongomir leicht schmunzelnd.

<<Er wirkt häufig recht abweisend, doch das

täuscht gewaltig. Nicht wenige unterstellen die Existenz dieses Phänomens auch mir. Schon oft habe ich versucht, etwas daran zu ändern, doch so bin ich nun einmal und das ist in Ordnung. Menschen haben nicht nach Äußerlichkeiten beurteilt zu werden, es gibt weniges, was primitiver sein könnte als dies. Ein kritischer erster Eindruck lässt sich kaum vermeiden, doch vergiss bei deinem Urteil nicht und bevorzuge besonders die inneren Werte. Das, was dir jemand menschlich transportieren kann, wie er mit dir umgeht und spricht. Dies ist wirklich entscheidend, das Äußerliche variiert wie die Jahreszeiten. Lass dich bloß nicht täuschen!>>

Mit diesen Worten klopfte er Jeremy im Vorbeigehen auf die Schulter, sagte so etwas wie: <<Ich muss weiter>> und war schon bald hinter der nächsten Wegbiegung verschwunden.

Verdutzt blickte Jeremy in die Richtung, in welche Dongomir soeben verschwunden war, besann sich jedoch schnell und setzte seinen Weg nachdenklich fort.

Wenige Minuten später tauchten tatsächlich die Umrisse einer Hütte zwischen den Bäumen auf. Sie stand am Rande einer kleinen Lichtung, wobei dennoch nur recht wenige Sonnenstrahlen den Weg bis hin zu ihr fanden. Jeremy blickte sich kurz um und konnte durch die Bäume hindurch einen kurzen Blick ins Tal erhaschen. Erst jetzt fiel ihm auf, wie hoch er bereits gestiegen war und Jeremy atmete erstmals bewusst die frische, klare Bergluft ein. Der Bewohner schien gerade Holz zu hacken, dies zumindest legte das charakteristische, regelmäßige Klopfen nahe. Im Schutze der Bäume näherte er sich der Hütte, welche in einem recht gepflegten Zustand zu sein schien. Dann sah er schließlich die Person, bei der es sich um Hageron handeln musste. Er war ein Hüne von einem Mann und die gewaltigen Muskeln seines Rückens spannten das Oberteil bei jedem Schlag bedenklich. Jeremy war nun bis auf wenige Meter an ihn heran gelangt und fragte sich, ob er es wagen konnte, den Mann einfach so anzusprechen. Doch schnell besann er sich auf Dongomirs Worte bezüglich Hageron und als dieser für einen kurzen Augenblick die Axt sinken ließ, nutzte Jeremy die

Gelegenheit und rief freundlich, aber bestimmt: <<Guten Tag, Hageron!>> Dieser schien tatsächlich leicht zusammenzuzucken und blickte Jeremy überrascht an.

<<Ich bin froh, dich hier oben gefunden zu haben>>, setzte er unbeirrt fort und legte die letzten Schritte zwischen sich und dem riesigen Mann zurück. <<Guten Tag>>, entgegnete Hageron schließlich, keineswegs abweisend und gab Jeremy die Hand.

Der schilderte ihm kurz und bündig, was er zu seiner Person wissen musste und Hageron schien es bereits kaum erwarten zu können, seinen Beitrag zu dessen Reise durch das Land der ewigen Weisheit zu leisten.

<<Vieles scheinst du ja bereits erfahren zu haben, doch lass mich dir auch einen Ratschlag geben. Ich mag vielleicht nicht den Anschein erwecken, doch lege ich seit jeher großen Wert auf Wissen und Bildung. Ich habe unzählige Bücher in meinem Haus, studiere sie beinahe jeden Tag und erfreue mich an meinem neu angeeigneten Wissen. Der Kopf ist der wichtigste Teil deines Körpers, unser zentrales, großes Steuerungselement. Lässt

seine Leistungsfähigkeit zu stark nach, verlierst du die Kontrolle über ihn und es ist vorbei mit der Selbstbestimmtheit in deinem Leben. Möglicherweise kannst du mir das nur schwer glauben, doch vertraue mir, auch du wirst nicht jünger und das frühzeitige Erkennen und entsprechende Beseitigen von Unheil ist von enormer Bedeutung. Darüber hinaus kannst du bei Langer Weile Rätsel im Kopf lösen, mathematische Aufgaben und philosophische Fragen untersuchen und so vieles mehr. Die Möglichkeiten sind wahrlich unbegrenzt.>>

Schreiend flog in diesem Augenblick ein mächtiger Adler über sie hinweg, vermutlich auf dem Weg zu seinem Horst.

Jeremy war in der Tat sehr überrascht, etwas derartiges ausgerechnet von Hageron erfahren zu haben, wusste aber bereits, dass er soeben den ersten Beweis für Mondomirs Worte auf dem Silbertablett serviert bekommen hatte.

<<Den zweiten Rat, welchen ich für dich gehabt hätte, scheinst du ja bereits seit längerer Zeit zu beherzigen: Körperliche Er-

tüchtigung, zusätzlich noch zur geistigen,
stellt einen weiteren zentralen Teil meines
Lebens dar. Wir sind für ein gewisses Maß an
Belastung schlicht und ergreifend geschaffen
und vernachlässigen wir diese Tatsache, kann
dies auf Dauer kaum gutgehen. Körper und
Geist lassen sich nicht voneinander trennen,
das ist ein unumstößlicher Fakt. Also achte
weiterhin gut auf dich, versuche das, was
dir gegeben ist zu erhalten und habe den nö-
tigen Respekt vor deiner eigenen Existenz.
Sei dir dies selbst wert.
<<Da kann ich nur zustimmen. Vor genau die-
sem Hintergrund widme auch ich meinem Körper
stets die Zeit, die er verdient und benö-
tigt. Vielen Dank. Wirklich, du bist ein gu-
ter Mann und ich werde es nicht vergessen.
Ich wünsche dir alles erdenklich Gute.>>
Kurz vor dem endgültigen Abschied ließ er
sich noch den ungefähren Weg zu Gronodor,
dem Heilkundigen, erklären. Hageron überließ
ihm darüber hinaus sofort einige warme Klei-
der, da eine kurze Hose mit T-Shirt wahrhaf-
tig nicht die passende Ausstattung für ein
Gebirge darstellte und meinte, dass Jeremy

momentan recht gute Aussichten hätte, Gronodor in den Bergen anzutreffen und um Rat zu
fragen. Er musste soviel wie möglich in diesem Land erfahren, denn Jeremy war sich
sicher, dass seine Zeit dort begrenzt war.

Das große Ziel von Bildung

ist nicht Wissen, sondern

handeln.

Herbert Spencer

Eisige Kälte

Es schneite. Ein eisiger Wind pfiff durch
den Gebirgspass. Jeremy war fürwahr unglaublich froh, von Hageron vor seinem Aufbruch
noch mit angemessener Kleidung versorgt worden zu sein. Seine kurze Hose und das dünne
T-Shirt hätten sicherlich nicht ausgereicht,
um den Weg zu Gronodor zu bewältigen, der an
der Flanke der höchsten Erhebung des Landes
in einer Berghütte wohnen sollte. Jeremy
fragte sich, ob er es wohl rechtzeitig wieder ins Tal schaffen würde. Der Tag war bereits weit fortgeschritten und in wenigen
Stunden würde es dunkel werden. Er wusste,
wie gefährlich die Dunkelheit in den Bergen
war und beschloss umzukehren, sollte er die
Hütte nach einer Zeit, die er für eine halbe
Stunde hielt, noch nicht erreicht haben.
Plötzlich rutschten einige Steine am Hang
seitlich des Weges neben ihm ab. Erschrocken
sah Jeremy nach oben und erblickte einen
Steinbock, den er zuvor nicht bemerkt hatte.
<<Hallo, kannst du mir vielleicht sagen, wie

weit es in etwa noch bis zu Gronodors Hütte ist?>>, fragte Jeremy und wunderte sich, dass er die Sprachfähigkeit der Tiere dieses Landes bereits derartig verinnerlicht hatte.

<<Ich kenne ihn gut, fremder Mann>>, sagte der Steinbock.

<<Kanlun ist mein Name, doch sag mir, wer bist du?>>

<<Ich heiße Jeremy und bin gerade vermutlich auf einer Traumreise unterwegs in eurem Land.>>

<<Na so etwas, noch niemals haben wir hier einen Fremden zu Gesicht bekommen. Ich freue mich sehr, dich zu sehen. Es ist nicht mehr weit, dort vorne bereits zweigt ein Pfad zur rechten Seite ab, der direkt zu Gronodors Hütte führt. Du kannst es kaum verfehlen.>> Kanlun blickte noch einen Moment lang zu Jeremy hinunter, als wollte er die Beschreibung des Weges direkt in dessen Kopf übermitteln und sagte: <<Ich hätte gerne noch etwas länger mit dir gesprochen, doch solltest du nun zusehen, dass du dein Ziel bald erreichst, bevor sich der Tag dem Ende entgegen neigt.>>

Mit diesen Worten machte Kanlun einen gewaltigen Satz hinüber auf den nächsten Felsvorsprung und war blitzschnell zwischen den Steinen verschwunden. Jeremy wunderte sich etwas über diese recht kurz angebundene Unterhaltung, wusste jedoch um die Wahrheit in den Worten des Tieres und machte sich wieder auf den Weg. Schnell hatte er die Abzweigung erreicht und wollte gerade dem Pfad folgen, der sich eng an den Felsen schmiegte, rechts von ihm der gähnende Abgrund. Ein eher zufälliger Blick über seine linke Schulter ließ ihn für einen Moment innehalten. Durch einen schmalen Spalt im Fels, kaum breiter als seine Schultern, sah er unten im Tal etwas wunderschönes. Die Wolken waren für einen kurzen Moment aufgerissen. Soweit sein Auge reichte, erstreckte sich dort auf der anderen Seite der Berge die gewaltige Seenplatte, von der Chippy erzählt hatte. Selbst von seinem entfernten Standpunkt aus konnte Jeremy die unglaubliche Klarheit der Gewässer erkennen, welche die Berge selbst aus dieser Distanz deutlich spiegelten. Auch einige Wasservögel glaubte er dort zu erkennen. Zahlreiche, dabei zumeist vereinzelt stehende Bäume vervollständigten das Bild. Genau so hatte er sich das Paradies immer vorgestellt. Jeremy genoss die wenigen Augenblicke, die ihm dieser Anblick gewährt war und musste betrübt mit ansehen, wie das wiederkehrende dichte Grau ihn wieder auslöschte, als hätte er niemals existiert. Einen Moment lang überlegte er, einfach dort stehenzubleiben wo er war und die nächste Gelegenheit abzuwarten. Glücklicherweise siegten dann die Vernunft und sein unterkühlter Körper sehr schnell und er begab sich auf den gefährlichen Pfad, direkt am Abgrund entlang. Obwohl Jeremy ganz genau wusste, dass dieser ihm nichts tun würde, so war doch seine schiere Präsenz sehr einschüchternd, erinnerte er ihn wieder einmal daran, wie nahe Freud und Leid, Leben und Tod, Yin und Yang tatsächlich beieinander lagen. Mit aller Kraft zwang er sich dazu, nicht hinunterzusehen und ging bemüht langsam und kontrolliert weiter über den teilweise vereisten Fels. Da er den Blick zumeist zwischen dem Berg und seinen Füßen wandern ließ, überraschte ihn der dumpfe Schlag gegen seine rechte Schulter umso mehr. Beinahe zu Tode erschrocken, suchte er nach der Ursache des Aufpralls und bemerkte erst jetzt, dass er auf einem kleinen Felsplateau angelangt und geradewegs gegen eine Hauswand gelaufen war. Er hatte Gronodors Hütte erreicht.

Staunend betrachtete Jeremy das relativ kleine, jedoch sehr kunstvoll gearbeitete Gebäude. Zwischen zahlreichen Verzierungen glaubte er, ein menschliches Gesicht neben dem anderen zu erkennen. Diese kniehohe Kette schien sich einmal ganz um das Gemäuer zu ziehen. Frierend musterte er die kalt wirkenden Bildnisse und suchte gleichzeitig nach einer Türe, welche er schließlich auf der anderen Seite des Hauses fand. Wenige Schritte entfernt plätscherte ein Brunnen, der merkwürdigerweise nicht zugefroren war. Vermutlich kam das Wasser direkt aus dem Berg und aus dem Becken heraus konnte er einige Tannenzweige ragen sehen, welche ein Gefrieren wohl zu verhindern vermochten. Das hölzerne Dach wurde von mächtigen Balken getragen, die so robust aussahen, als könnten sie durch nichts und niemanden erschüttert werden. Selbst die dicke Schneeschicht auf dem Dach schien das Konstrukt in keinster Weise an dessen Grenzen zu bringen. Wäre Jeremy jedoch der Besitzer der Hütte gewesen, so hätte er die weiße Last dennoch schleunigst entfernt. Er wusste genau um die Gefahren, welche sie auf einem Hausdach mit sich brachte. Die Fensterläden waren hölzern und geschlossen, sodass Jeremy einen kurzen Moment lang fürchtete, der Heilkundige könnte womöglich gar nicht zu Hause sein. Doch dann sah er den schmalen Spalt flackernden Lichts, der zwischen den beiden Hälften hindurch nach draußen schien. Jeremy war mittlerweile trotz der dicken Winterkleidung, welche Hageron ihm überlassen hatte derartig durchgefroren, dass ihm ein wohltuend wärmendes Kaminfeuer, welches im inneren des Hauses brennen musste einfach zu verführerisch erschien. Ohne Umschweife trat er zur Tür und klopfte an.

Auch der weiteste Weg be-

ginnt mit einem ersten

Schritt.

Konfuzius

Gronodor

<<Einen Augenblick bitte>>, hörte er eine ruhige Stimme drinnen sagen. Den Umständen entsprechend geduldig wartete Jeremy, bis sich nach einer gefühlten Ewigkeit schließlich die Türe öffnete. Ein älterer, freundlich aussehender, schlanker Herr mit Dreitagebart, der bis zum Hals in einen weißen Mantel gehüllt war, stand vor ihm. <<Ah, du musst Jeremy sein, Gronodor, es ist mir eine Ehre. Ich habe dich bereits erwartet. Komm rein, du musst ja furchtbar frieren!>>

Mit weit geöffneter Kinnlade starrte Jeremy den Mann an. Dieser bemerkte es sofort und sagte: <<Ich sehe alles von hier oben, weiß alles, du brauchst mir nichts zu erklären. Tritt ein.>>

Beeindruckt von der schieren Ausstrahlung Gronodors betrat er ohne weitere Fragen zu stellen die Berghütte. Sofort schlug ihm die wohltuende Wärme des prasselnden Feuers entgegen, dessen Schein er bereits von draußen gesehen hatte. Die recht schlichte Möblierung ähnelte stark der Einrichtung, welche er in Dansons Haus gesehen hatte. Lediglich der Aufbau des Hauses unterschied sich, da es nur einstöckig war und selbst das Bett in dem Raum stand, welcher auch der einzige zu sein schien. Erst auf den zweiten Blick entdeckte Jeremy zwei niedrige Türen in der Wand zu seiner Linken, hinter denen vermutlich Abstellräume oder ähnliches befindlich waren. Allerdings interessierte ihn das auch nur zweitrangig, denn im Augenblick galt seine volle Aufmerksamkeit dem Bemühen, sich wieder aufzuwärmen. Sofort lief er zum Kamin, zog sich bis auf die Unterwäsche aus, hängte die durchnässte Kleidung zum trocknen auf und positionierte sich nach und nach in beinahe allen möglichen Variationen vor dem Kamin, um die einzelnen Bestandteile seines Körpers vom Feuer wärmen zu lassen. Gronodor beobachtete ihn nur, trat schließlich an einen großen Wandschrank und holte ein Handtuch heraus. Auch erblickte Jeremy darin zahlreiche Bücher, vermutlich voll mit allem, was ein Heilkundiger eben so wissen musste.

Er reichte Jeremy das Handtuch und sagte nur: <<Deine Unterwäsche ist auch nass, ich werde derweil nach draußen gehen und Wasser vom Brunnen holen.>>

Dankend nahm Jeremy an und setzte sein Vorhaben fort, bei dem er sich inzwischen schon wieder sehr viel mehr wie ein Mensch fühlte. Gronodor verließ das Haus, einen hölzernen Eimer in der Hand.

Nach und nach verzog sich die Kälte aus den müden Gliedern. Jeremy hüllte seinen Körper fest in das Handtuch, setzte sich auf die Bank vor dem Kamin und wartete, bis der Hausherr zurückkehrte.

Etwa fünf Minuten später öffnete sich die Türe, Gronodor trat ein, schloss sie wieder und begann sofort damit, das Wasser aufzubrühen. Anschließend nahm er einige Blätter, die Jeremy an Tee erinnerten, streute sie in einen hölzernen Becher und goss schließlich das heiße Wasser darüber.

<<Du kannst es sofort trinken, wenn du möchtest, es ist nur lauwarm.>>

Jeremy wunderte sich darüber, hatte er doch soeben gesehen wie das Wasser gekocht hatte,

93

doch angesichts der Tatsache, dass ihm in diesem Lande schon so einige unerklärliche Dinge widerfahren waren, beschränkte er seine Gedanken auf Dankbarkeit für das warme Getränk. Er vermutete lediglich, dass dieses Phänomen wohl mit den mysteriösen Blättern zu tun haben musste. Unmittelbar nachdem er den ersten Schluck genommen hatte, breitete sich eine äußerst wohltuende Wärme in ihm aus, ähnlich der, die er bei jener unbekannten, klaren Flüssigkeit in Dansons Haus verspürt hatte.

<<Nun, da du den Weg zu mir gefunden hast und wieder aufgewärmt bist, möchte auch ich dir etwas mit auf den Weg geben>>, sagte Gronodor. <<Ich weiß um deine Leiden. Wie du dich fühlst und wie es so weit kommen konnte, dass du deinen Platz, deine Ziele und Wünsche noch nicht finden kannst und dich alleine nicht aus dieser Lage zu befreien vermagst. Dies stellt auch den Grund dar, aus dem du hier bei uns gelandet bist. Die Geschichte deines Bruders, den seine tiefe geistige Finsternis schließlich in den Freitod trieb...>>

Jeremy verschluckte sich und spuckte einen ganzen Mund voll des Gebräus vor sich auf den Fußboden. Bei der Erinnerung an die unsäglichen Leiden, welche ihm in Zusammenhang mit dem tragischen Verlust seines großen Bruders und gleichzeitig Vorbildes damals zu Jeremys Grundschulzeiten widerfahren waren, hatte er gewaltige Mühe, die verdrängt geglaubten Erinnerungen im Zaum zu halten und nicht gleich auf der Stelle in Tränen auszubrechen.

<<Was... wieso>>, begann er stotternd, doch Gronodor sagte nur: <<Wie gesagt, du hast keine Geheimnisse vor mir. Zunächst einmal möchte ich dir sagen, dass es für dich von allergrößter Bedeutung ist, mit anderen über deine Gefühle zu sprechen. Den ersten Schritt hast du kürzlich bereits getan. Setze es fort, sprich mit Leuten, denen du vertraust über alles, was dich umtreibt, zusätzlich mit einer Person, die sich von Berufs wegen auf diesen schwierigen Bereich spezialisiert hat. Mit das Dümmste, was man tun kann ist Dinge, die einen belasten in sich hineinzufressen. Es gibt kaum leichtere

Wege, sich selbst und sogar anderen Schaden zuzufügen, als auf diese Weise. Die Dunkelheit muss ganz einfach kolportiert werden, andernfalls zerfrisst sie deine Seele. Vergiss das niemals. Auch deine Beziehungen werden auf diese Art und Weise sehr viel Intensität gewinnen, denn weißt du, der andere fühlt sich natürlich auch wertgeschätzt, bringst du ihm dieses Vertrauen entgegen. Vielleicht könnt ihr euch sogar gegenseitig austauschen und stützen. Beachtet dabei jedoch stets euer beider Grenzen.>>

Gronodor schwieg einen kurzen Augenblick, rückte sich auf der Bank zurecht und setzte seine Ausführungen schließlich fort: <<Weißt du, Jeremy, abgesehen von den anderen hier spreche ich sogar manchmal zu den Bildnissen an meiner Hauswand, du hast sie sicherlich bemerkt. Es sind alle ehemaligen Bewohner Tuvanayas, die ich dort verewigt habe. An jeden einzelnen kann ich mich noch genau erinnern, einige sind mir in diesem Lande erhalten geblieben. Was aus unseren übrigen Brüdern und Schwestern wurde, ist leider niemandem von uns bekannt. Einst hatte ich

einen Traum, in welchem ich sie über die gesamte Erde verstreut sah und jeder einzelne in Würde altern und sterben durfte. Ich wünsche mir jeden Tag, es möge der Wahrheit entsprechen. Bei all meinem Wissen ist dies beinahe das einzige, worüber ich mir nicht im Klaren bin und würde alles davon jederzeit gegen diese eine Information eintauschen.>>

Nach einer weiteren kurzen Pause setzte der Heilkundige fort: <<Jeder ist auf seine Art und Weise perfekt und sollte sich akzeptieren wie er ist, da es überhaupt keinen Grund gibt etwas zu ändern, sofern er im Rahmen des Normalen agiert und alles Notwendige zum Leben besitzt. Ebenso musst du natürlich deine Mitmenschen respektieren und wertschätzen, denn es gibt keinen Grund, zu irgendjemandem unhöflich zu sein, der dir kein Leid zugefügt hat. Sieh einfach in dich hinein, höre ganz genau hin und tue genau das, was dich glücklich macht. Denn eines Tages, wenn du diese Welt verlassen musst, wirst du dir andernfalls nichts sehnlicher wünschen, als genau das getan zu haben. Du

sollst zurückschauen und sagen können: ''Ja, das habe ich getan!''. Du wirst es schaffen, da bin ich mir sicher.>>

<<Was ist wenn nicht?>>, fragte Jeremy. <<Wenn es zu schwer ist und ich scheitern sollte?>>

<<Natürlich kann das geschehen, doch solltest du zumindest keine Möglichkeit ungenutzt lassen, deinem Leben einen Sinn zu geben und es in glücklicher Art und Weise zu gestalten. Du musst wissen, jeder Mensch hat viel, viel mehr Kraft in sich, als er es selbst für möglich hält. Ich weiß, wovon ich spreche. Nichts, was sich zu haben lohnt, fällt einem einfach so zu, doch wäre es sonst nicht auch entsetzlich langweilig?>> Ohne eine Antwort abzuwarten, setzte er seinen Vortrag unbeirrt fort: <<Abschließend möchte ich dir sagen, worauf letztlich alles in deinem Leben hinausläuft, während deiner Reise durch unser Land hast du es bereits erfahren: Die Liebe, schlicht und einfach die Liebe. So sehr du es auch versuchst, nichts wirst du entdecken, keine Tat in deinem Leben, welche nicht für die Liebe er-

98

folgte. Ob es nun für andere oder dich selbst geschah, der tiefere Hintergrund war ohne Zweifel stets derselbe. So ist der Mensch geschaffen und alle teilen wir diese Gemeinsamkeit miteinander. Sich der Liebe zu verschließen mag häufig sehr verlockend erscheinen, doch widersetze dich diesem Drang mit all deiner Kraft! Es ist in Ordnung, Angst zu haben, doch Leiden sind Teil des Ganzen und wir alle müssen sie durchleben. Deine Aufgabe ist es, dein Herz offen und erreichbar zu halten für diejenigen, welche es dir wert sind hineingelassen zu werden.>> Gronodor hielt inne, ergriff Jeremys Arm und sagte schließlich: <<Vergiss niemals, was du bei uns gelernt hast und ergänze es mit deinen eigenen tadellosen Werten und Erfahrungen. Sei deinen Mitmenschen ein gutes Vorbild, soweit du es vermagst. Nimm dir regelmäßig Zeit nur für dich selbst, Abseits von allem und gehe einfach nur deinen Gedanken nach. Befreie deine Seele kontinuierlich, teile das, was du weißt mit anderen, sofern sie danach verlangen und lasse die Dunkelheit niemals wieder dein Innerstes vergif-

ten. Beginne neu, schließe die alten Schubladen deiner Seele und höre auf, alles Positive derartig umzuformen, dass du es in ihnen deponieren kannst. Denke daran, denke immer daran>>, hörte Jeremy ihn noch sagen. Doch auch ein anderes Geräusch mischte sich nun in das Konvolut aus Gronodors Stimme, dem Prasseln des Feuers und den Geräuschen seines Atems. Ein Hund bellte. Plötzlich war alles in ein helles, weißes Licht gehüllt und Jeremy hatte das Gefühl, frei im Nichts zu schweben, losgelöst von Zeit und Raum. Dann spürte er einen festen Druck an seinem Arm, ohne etwas daran erkennen zu können und eine sonderbare, warme Nässe machte sich auf seiner Wange breit.

Nicht alles, was zählt, kann
gezählt werden und nicht alles, was gezählt werden
kann, zählt.

Albert Einstein

Befreiung

<<Jeremy!>>, hörte er eine ihm wohlvertraute Stimme eindringlich sagen. Die Umgebung um ihn herum nahm zunehmend Formen an und schließlich erkannte er darin zu seiner großen Erleichterung das Gartenzimmer im Haus von Christina. Neben ihm sprang Buddy immer wieder freudig schwanzwedelnd an dem Rattansofa hoch, auf dem Jeremy lag und versuchte, ihm das Gesicht abzulecken. Er hatte keine Ahnung mehr, wieso er hier war, sah lediglich die Sequenzen des Traumes, den er soeben erlebt hatte, klar und deutlich vor sich. <<Es tut mir leid, dass wir dich wecken mussten, doch es ist schon spät.>>
Jeremy hörte es kaum, da er noch immer völlig im Bann des Landes der ewigen Weisheit gefangen war.
Christina bemerkte es, nahm seine Hand und sagte sanft: <<Ich habe dich hierher geführt, kannst du dich erinnern? Du bist eingeschlafen.>> Sie machte eine kurze Pause, wählte ihre Worte offenbar mit viel Bedacht

und sagte: <<Ich glaube ich weiß, was du gerade erlebt hast. Ich hatte sehr gehofft, dass es funktionieren würde.>>

Jeremy verstand überhaupt nichts mehr. <<Aber woher kannst du das denn wissen? Wie soll das geplant gewesen sein, wie hättest du das denn tun können?>>

Ein sanftes Lächeln huschte über ihr Gesicht und nach einigen Momenten der Stille sagte sie: <<Auch du verdienst es, die Welt durch die richtigen Augen zu sehen. Ich bin glücklich mit meinem Leben. Heute. Doch kenne ich es sehr wohl auch von ganz unten. Ich glaube es gibt höhere Mächte auf dieser Welt, die wohl nur wenige jemals kennenlernen. Wir haben uns noch sehr viel zu sagen.>>

Habe Hoffnungen, aber
niemals Erwartungen. Dann
erlebst du vielleicht Wun-
der, aber niemals
Enttäuschungen.

Franz von Assisi